DIE REIHE
Bilder aus der DDR

BERLIN-MARZAHN

Urkunde

Hiermit wird beurkundet, daß die Stadtverord-
netenversammlung von Berlin, Hauptstadt der DDR,
auf ihrer Tagung am

5. Januar 1979

aus Teilen der Stadtbezirke Berlin-Lichtenberg und
Berlin-Weißensee die Bildung des Stadtbezirkes

Berlin-Marzahn

beschloß.

Erhard Krack
Oberbürgermeister von Berlin,
Hauptstadt der DDR

Berlin, 5. Januar 1979

Am 5. Januar 1979 wurde Marzahn als neunter Stadtbezirk von Berlin (Ost) gegründet.

DIE REIHE
Bilder aus der DDR

BERLIN-MARZAHN

Peter Bachstein und Peter Homann

SUTTON
VERLAG

Sutton Verlag GmbH

Hochheimer Straße 59

99094 Erfurt

www.suttonverlag.de

Copyright © Sutton Verlag, 2004

ISBN 978-3-89702-662-9

Druck: Books on Demand GmbH, Norderstedt, Deutschland

Auf der Großbaustelle Marzahn wurden auch „vorbildliche Höchstleistungen" erbracht.

Inhaltsverzeichnis

Danksagung   6

Bildnachweis   6

Einleitung   7

1. Vom ländlichen Flair zur Großsiedlung   9

2. Großbaustelle   23

3. Bauen und Wohnen   35

4. Die Erbauer   43

5. Mittendrin – das alte Dorf   55

6. Leben und Arbeiten in der Großsiedlung Marzahn   61

7. Stadtbezirk der Kinder   85

8. Sport   103

9. Zu guter Letzt: Ein Fest   115

Danksagung

Dieses Buch wäre ohne die freundliche und intensive Unterstützung hilfsbereiter Menschen so nicht zustande gekommen. Daher danken wir besonders herzlich: Eva-Maria Lauft vom Familienzentrum Brandenburgisches Viertel Eberswalde für die Kontaktvermittlung zum Bezirksmuseum Marzahn-Hellersdorf, Dorothee Ifland und Birgit Naumann vom Bezirksmuseum für die vielen Fotos aus ihrem Archiv, für ihre Engelsgeduld beim Beantworten aller Fragen, für die Vermittlung wertvoller Kontakte sowie für Kaffee und Kuchen, Horst Riedl, der als Ingenieur zu den Erbauern Marzahns gehörte und uns umfassend über die materielle Entstehung der Großsiedlung informierte, Gerhard Kolberg, der schon vor dem Baubeginn in der ehemaligen Siedlung Neuland Ost wohnte und uns mit den Umbrüchen und weiteren Entwicklungen im neuen Stadtbezirk vertraut machte, Fred Platzbecker, der als Platzmeister und Trainer eine führende Rolle im Marzahner Sport einnahm und uns auf diesem Gebiet umfassend informierte.

Bildnachweis

Bezirksmuseum Marzahn-Hellersdorf, Museum im Wasserwerk, Vera und Dieter Breitenborn, Willi Haase, Gerhard Kolberg, Volkhart Kühl, Horst Löser, Wolfgang Mietschke, Horst Pohl, Horst Riedl, Gerhard Wahlicht

Einleitung

Am 5. Januar dieses Jahres hatte die Berliner Großsiedlung Marzahn ihren 25. Geburtstag. Dem Ereignis wurde zwar nicht überschwänglich, im Rahmen einer kleinen Veranstaltung aber immerhin angemessen gedacht. Noch viel ruhiger, beinahe unbemerkt, ging seinerzeit die Gründung des neuen Stadtbezirks über die Bühne. Die Berliner Stadtverordneten fassten einen entsprechenden Beschluss, und das war erstaunlicherweise zunächst der ganze offizielle Gründungsvorgang.

Schon lange vor dieser förmlichen Gründung, ja sogar vor dem ersten Spatenstich, war Marzahn viel mehr gewesen als nur ein simples Neubaugebiet. Es war bereits im Stadium der reinen Idee ein Politikum mit strategischer Bedeutung. Für die Partei- und Staatsführung der DDR sollte Marzahn bedeutendster Baustein bei der Lösung des sozialen Problems der Wohnungsfrage sein. Den entsprechenden Beschluss, nach dem bis 1990 jede Familie mit ausreichend Wohnraum versorgt sein sollte, fasste das ZK der SED im Oktober 1973. Dafür war die Errichtung von drei Millionen neuen Wohnungen in der DDR geplant. Die erste Entscheidung bezüglich des neuen Stadtbezirks fiel übrigens bereits am 27. März des gleichen Jahres, als das SED-Politbüro festlegte, dass im Gebiet Biesdorf/Marzahn eine neue Großsiedlung mit 35.000 Wohnungen errichtet werden sollte. Dass es letztlich sogar 60.000 werden sollten, ahnte damals noch keiner. Es war auch bereits ein sehr anspruchsvoller Plan, denn es bestanden bis dahin kaum Erfahrungen mit Bauprojekten dieser Größenordnung.

Trotzdem wurde dieser Plan – zumindest in Marzahn – zielstrebig umgesetzt. So konnte am 6. Juli 1978 – also noch vor der offiziellen Gründung des neuen Stadtbezirks – in der Luise-Rietz-Straße 129 die einmillionste Neubauwohnung des Programms an eine Berliner Arbeiterfamilie übergeben werden. Dass damit gerade Marzahn in den Genuss einer von viel Politprominenz besuchten Feier kam, war kein Zufall, sondern gut geplanter Erfolg. Es machte sich einfach besser, diese wichtige Etappe des Wohnungsbauprogramms in der Hauptstadt zu feiern, statt in irgendeinem abgelegenen Winkel der Republik.

Insgesamt waren aber weder das Wohnungsbauprogramm noch die Errichtung Marzahns ein Propagandatrick, sondern ehrlich gemeinte Aufgabe zur Lösung eines alten sozialpolitischen Problems. Eine Art Aufbruchsstimmung hatte sich ausgebreitet unter den Bauschaffenden, besonders im Hinblick auf Marzahn. Rückblickend scheint es fast so etwas wie das „letzte große Abenteuer" gewesen zu sein, für das sich insbesondere junge Bauarbeiter begeisterten. Hier sollte noch mal etwas Großes bewegt werden – und die FDJ machte Marzahn zu ihrer eigenen Aufgabe. Jugendkollektive, wie die berühmte „Brigade Kaiser", wurden zum Idol für diejenigen, die auch dabei sein wollten.

Ausgewählt für den Standort der neuen Großsiedlung wurde ein Gebiet im Nordosten Berlins, das auf den ersten Blick nicht gerade hauptstädtisch, sondern eher ländlich-brandenburgisch aussah. Hier gab es mittelalterlich anmutende Dörfer, idyllische Siedlungsgebiete und ausgedehnte Rieselfelder. Letztere waren aufgrund neuer Kläranlagen inzwischen allerdings überflüssig geworden. Was lag da näher, als hier eine Neubausiedlung von den Ausmaßen einer mittleren Großstadt zu errichten? So sah es wohl auch das SED-Politbüro und bestätigte am 25. Februar 1975 seinen knapp zwei Jahre zuvor gefassten Beschluss. Hier wurde zum ersten Mal der Bildung eines neuen Berliner Stadtbezirks zugestimmt. Als dann am 5. Januar 1979 die förmliche Gründung erfolgte, bekam das „Politikum Marzahn" eine neue

Dimension. Diese hatte ihren Ursprung in der Ost-West-Konfrontation während des Kalten Krieges. Westberliner Politiker waren der Ansicht, dass die Gründung des 9. Ostberliner Stadtbezirks den Vier-Mächte-Status und die sektorale Aufteilung Groß-Berlins verletzen würde. Die sowjetische Besatzungsmacht hätte nach Ende des Zweiten Weltkrieges nur acht Stadtbezirke erhalten. Die Westmächte teilten diese Ansicht schließlich aber nicht. Sie sahen Marzahns Gründung lediglich als reinen Verwaltungsakt an, weil der neue Bezirk nur aus Teilen bisheriger Berliner Stadtbezirke gebildet wurde und keine Ausdehnung des Stadtgebietes über dessen bisherige Grenzen hinaus erfolgt sei. So konnte am 20. Mai 1979 die Wahl zur ersten Marzahner Stadtbezirksverordnetenversammlung ohne politische Störungen von außen erfolgen. Am 7. Juni desselben Jahres trat das Gremium in der Bezirksgaststätte „Biesdorfer Kreuz" zum ersten Mal zusammen.

Damit endete die Baugeschichte Marzahns allerdings noch lange nicht, die zu DDR-Zeiten auch niemals als ganz abgeschlossen galt. Begonnen hatte sie bereits im März 1975 mit den ersten Erschließungs- und Tiefbauarbeiten. Unter anderem wurde bereits mit der Verlegung von Sammelkanälen zur gebündelten Versorgung der Mieter mit Strom, Wasser, Gas u.a. begonnen. Diese gut durchdachte Methode konnte später leider nicht mehr angewendet werden, weil das Tempo des Hochbaus zu schnell wurde. Daher liegen die Versorgungsleitungen in einigen Gegenden Marzahns oberirdisch.

Die ersten Hochbauarbeiten in der Großsiedlung begannen im Bereich der späteren Marchwitzastraße mit dem Grubenaushub im April 1977. Am 8. Juli des gleichen Jahres wurde die erste Platte gesetzt. Am 30. November war der neue Wohnblock (Hausnummern 41-45) fertig. Die ersten Mieter konnten in ihren neuen Wohnungen bereits Weihnachten feiern, nachdem sie am 18. Dezember eingezogen waren. Fast passgenau standen auch die ersten Einrichtungen zur Betreuung von Schul-, Krippen- und Hortkindern sowie zur Versorgung mit Waren des täglichen Bedarfs zur Verfügung.

Zwischen 1977 und 1987 wurde durchschnittlich alle eineinhalb Stunden eine Wohnung fertig. Täglich bezogen 17 Mietparteien ihre neuen Wohnungen.

Marzahn war trotz der einen oder anderen Panne eine Spitzenleistung des komplexen industrialisierten Wohnungsbaus, zu dessen Pionieren übrigens auch ein Walter Gropius gehört. Ende der Achtzigerjahre hatte der 9. Stadtbezirk 170.000 Einwohner. 40 Prozent von ihnen kamen aus Berlin, weitere 40 Prozent aus anderen Städten und 20 Prozent aus verschiedenen Dörfern. All diesen Menschen sowie denjenigen, die das neue Marzahn bauten und das alte rekonstruierten ist dieses Buch gewidmet.

1

Vom ländlichen Flair
zur Großsiedlung

Bis Mitte der Siebzigerjahre war Marzahn lediglich ein Dorf in ländlicher Umgebung. Zwar gehörte es seit 1920 zu Berlin, doch davon war in dieser nordöstlichen Ecke der Hauptstadt nichts zu spüren. Nicht Metropolenverkehr, sondern Viehherden und Ackerflächen, Siedler- und Kleingartenkolonien prägten das Bild. Um zu dem zu werden, was Marzahn bis in die Siebzigerjahre hinein war, brauchte es Jahrhunderte. Die Entwicklung zum Großstadtbezirk dauerte nur wenige Jahre.

Dieses Kolberg-Foto zeigt einen Teil jenes Gebietes, wo später die Großsiedlung Marzahn entstehen sollte: eine typisch märkische Landschaft mit weiten Ackerflächen. Links im Bild die Fabrik von Hasse & Wrede.

Noch zieht des Schäfers Herde durch die Wiesen. Bald wird sich hier die breite Leninallee befinden.

Das Dorf Marzahn im August 1955: Ein Bus der Linie 37 vor dem Hauptgebäude der 1953 gegründeten, ersten Berliner LPG „Neue Ordnung".

Dieses Bild von Gerhard Wahlicht aus dem Jahr 1957 zeigt die 1912 erbaute Marzahner Feuerwache.

Auch dieser märkische Dreiseithof des Bauern Adolf Christians gehörte zu Marzahn.

Marzahner Schulklasse aus dem Jahre 1952.

Das Lehrerkollegium der Dorfschule Marzahn, um 1952.

Dieses Bild aus dem Museum im Wasserwerk Friedrichshagen zeigt den Bau eines Vorflutgrabens für die Rieselfelder im Gebiet von Marzahn.

Im Bereich der Marzahner Rieselfelder wurden verschiedene Gemüsesorten angebaut, u.a. Kohl, Zwiebeln und Sellerie. Auf diesem Bild von 1950 wird das Gemüse für den Transport auf Berliner Märkte vorbereitet.

13

Anfang der Siebzigerjahre war das im Bereich der Kleingartenkolonie „Neuland Ost" gelege-
ne Restaurant „Waldschänke" ein beliebter Treffpunkt.

In den Sechzigerjahren kauften die Bewohner des Dorfes Marzahn die Waren des täglichen
Bedarfs im „Lebensmittel-Eck".

14

Dieses Bild zeigt die heute noch existierende Gaststätte „Marzahner Krug" (Alt Marzahn), wie sie im Jahre 1975 aussah.

Die ehemalige Schmiede der LPG „Neue Ordnung" ist auf diesem Wahlicht-Foto von 1975 zu sehen.

Ursula Kolberg mit ihren Eltern Edith und Gerhard am Tag ihrer Jugendweihe im Jahre 1968. Das Bild entstand in der Kleingartenanlage „Neuland Ost", wo die Familie eine Parzelle hatte.

Mitglieder der Sektion Federball des Sportvereins „Traktor Marzahn", Anfang der Sechzigerjahre. In der unteren Reihe rechts der bekannte Trickfilmzeichner und -regisseur Gerhard Kolberg.

Theateraufführung in der Kolonie „Neuland Ost" im Jahre 1957. Karin Keppke (Mitte) spielt die böse „Hagezunse", was soviel wie „Hexe" bedeutet.

Gerhard Kolberg beim Ausschachten einer Grube auf seiner Parzelle in der Kolonie „Neuland Ost".

Ursula Kolberg als kleines Mädchen beim sorgfältigen Gießen ihrer Blumen.

Warten auf den Bus am Rande einer ruhigen Landstraße. Diese Szene aus Berlins Nordosten wurde in den Fünfzigerjahren aufgenommen.

Die gleiche Stelle wie im Bild oben, gut zwei Jahrzehnte später. Die Bushaltestelle ist verschwunden und an Stelle der alten Landstraße zieht sich jetzt die Bruno-Baum-Straße durch das entstandene Häusermeer.

Blick von der Karl-Maron-Straße über einen Teil Marzahns, 1984. Die neuen Häuser im Vordergrund stehen auf dem Boden der ehemaligen Kolonie „Neuland Ost", in der die Familie Kolberg lebte.

Auch der Springpfuhl erinnert noch an die ländliche Vergangenheit. Doch auf diesem Breitenborn-Bild von 1979 ist er längst zu einem Regenrückhaltebecken ausgebaut worden.

Eingebettet im Häusermeer sieht man einige alte Siedlungshäuser, die Dieter Breitenborn 1979 von der Geißenweide aus fotografierte.

Noch weiden Schafe auf den Wiesen der „Tatra-Schleife" vor der Skyline des entstehenden Stadtbezirks.

Im Jahre 1977 ist die Großbaustelle längst in Betrieb. Doch das alte Dorf scheint davon fast unberührt zu bleiben.

Auch der alte Marzahner Gemeindefriedhof wirkt 1979 wie ein Überbleibsel aus längst vergangenen Tagen.

2

Großbaustelle

Der Begriff Großbaustelle erscheint eigentlich gewaltig untertrieben angesichts der gigantischen Leistung, die hier von den Bauschaffenden im Laufe von nicht mal 15 Jahren vollbracht wurde. Sie errichteten einen kompletten Stadtbezirk neu mit 60.000 Wohnungen für bis zu 170.000 Bewohner. Hinzu kamen Einrichtungen wie Kindergärten, Schulen, Kaufhallen, Sportstätten, Kinos, Kneipen und Grünanlagen.

Am 6. Juli 1978 erläuterte Dr. Günter Peters (rechts stehend) im Informationszentrum Marzahn das Modell des entstehenden Stadtbezirks.

Dieses Kühl-Foto vom Herbst 1976 zeigt Tiefbauerschließungsarbeiten. Hier war die Jugendbrigade Kiefert am Werk. Diese wurde im Volksmund nach dem berühmten Brigadier Peter
Kaiser auch „Brigade Kaiser" genannt.

Jugendbrigadisten beim Straßenbau im Bereich der Märkischen Allee im Jahre 1977.

Mit solchen vorgefertigten Sammelkanälen sollten diverse Versorgungsleitungen (z.B. für Strom, Gas, Wasser) auf rationelle Weise gebündelt werden. Dieses Kühl-Foto vom Dezember 1977 zeigt die Montage dieser Bauteile am Rand des Hundewäldchens.

Verlegung von Versorgungsleitungen in den begehbaren Sammelkanälen.

Die Unbilden des Winters machten es den Bauarbeitern manchmal extrem schwer. Weil der Beton einzufrieren drohte, musste er sehr schnell verarbeitet werden.

Wintereinbruch auch in den Sammelkanä-len. Trotzdem versuchten Mitglieder der Brigade Obersteiner die gesteckten Ziele zu erreichen.

Urkunde

Wir, das VEB K Tiefbau Berlin, tun hiermit

kund, daß für den Wohnungsbaustandort

BERLIN - MARZAHN

(1. bis 3. Wohngebiet)

das letzte Ausschachtobjekt mit der

heutigen Übergabe des Objektes

73.170.13

erfolgte.

Auf dem Standort wurden seit 1977
1 800 000 m³ Aushubmassen
und   800 000 m³ Baugrundersatz
für 750 Objekte bewegt.

BERLIN-MARZAHN, 28.07. Anno 1986

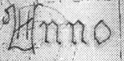

Hier sind keine Bauschaffenden am Werk, sondern Archäologen. Während der Tiefbauarbeiten im September 1977 war ein slawischer Kastenbrunnen gefunden worden. Das Bild von Vera Breitenborn zeigt dessen Bergung.

Dr. Heinz Seyer präsentiert ein Fundstück aus dem Kastenbrunnen.

Ein Spielstein aus uralter Zeit, ebenfalls bei Ausgrabungen in Marzahn gefunden.

Setzen der ersten Platte durch die Brigade Peter Zeise im Jahr 1977.

Sekt oder Selters? Kurzes Anstoßen nach dem Setzen der ersten Platte.

Beim Bau des ersten Hauses der Großsiedlung Marzahn in der Marchwitzastraße.

Das erste Haus wächst in die Höhe.

Beim Bau der Springpfuhlbrücke im April 1977.

Der Springpfuhl, ursprünglich ein winziger Tümpel von etwa 25 bis 30 Metern Durchmesser, wurde vom Tiefbaukombinat Berlin zu einem Regenrücklaufbecken ausgebaut. Die Weide in der Mitte erinnert noch an die alte Zeit.

Beim Bau der Allee der Kosmonauten kam schweres Gerät zum Einsatz.

Der Weltraumfahrer Sigmund Jähn pflanz-
te einen Baum in der Allee der Kosmonauten. Rechts im Bild Herbert Kohlmann, der
damals ein Montagekollektiv leitete.

Bau der Anlagen für den ersten Kindergarten Marzahns in der Marchwitzastraße.

Straßenbauer des VEB Tiefbau bitumisieren im Sommer 1982 die Bruno-Leuschner-Straße.

3

Bauen und Wohnen

Kaum stand im Herbst 1977 der erste Block in der Marchwitzastraße, zogen auch schon die ersten Mieter ein. Natürlich wurde weiter gebaut, denn die nächsten Mieter warteten schon. Die Nachfrage nach den Wohnungen war sehr groß und die Handwerker arbeiteten mit Hochdruck. Dieses Zusammenspiel von Bauen und Wohnen blieb Marzahner Alltag fast bis in die Wendezeit.

Schon fährt die Tram der Linie 14 durch die neue Großsiedlung. Doch die Bautätigkeit ist noch lange nicht beendet.

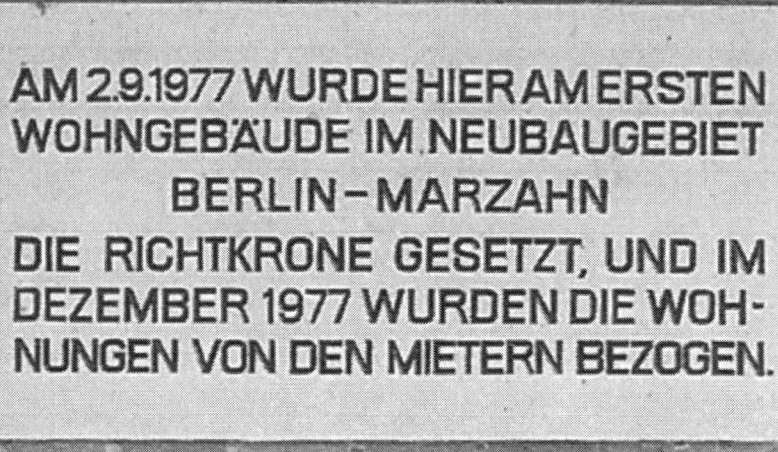

AM 2.9.1977 WURDE HIER AM ERSTEN
WOHNGEBÄUDE IM NEUBAUGEBIET
BERLIN – MARZAHN
DIE RICHTKRONE GESETZT, UND IM
DEZEMBER 1977 WURDEN DIE WOH-
NUNGEN VON DEN MIETERN BEZOGEN.

Plangetreu, allen Unbillen zum
Trotz, konnte am 2. September 1977
das Richtfest des ersten zehnge-
schossigen Wohnhauses gefeiert
werden

Vor dem Hintergrund fertiger und zum Teil schon bezogener Wohnhäuser gehen die Baumaßnahmen zügig weiter.

Während das neue Marzahn gebaut wurde, gab es immer wieder Anlässe für offizielle Feiern wie z.B. die Übergabe der 20.000. Wohnung in der Großsiedlung, die am 2. Oktober 1981 stattfand.

Über die 20.000. Marzahner Neubauwohnung freute sich insbesondere die Familie Seist.

Berlin-Marzahn

5 2. Jahrgang
6. Juli 1978
Preis: 10 Pf

Organ der SED der Großbaustelle Berlin-Marzahn

Ein herzliches Willkommen, Genosse Erich Honecker, auf unserer Baustelle!

Einmillionste Wohnung seit dem

VIII. Parteitag der SED

Bereits am 6. Juli 1978 erfolgte in Marzahn die offizielle Übergabe der einmillionsten Wohnung im Rahmen des DDR-Wohnungsbauprogramms. Ein politisches Spitzenereignis, das mit entsprechendem Aufwand begangen wurde.

Während diese junge Familie bereits in ihrem neuen Stadtbezirk spazieren geht, wachsen im Hintergrund am Helene-Weigel-Platz weitere Gleitkerne für neue Häuser in den Himmel.

Die neuen Mieter waren den Handwerkern ständig „auf den Fersen", wie dieses Kühl-Foto von 1980 zeigt.

In Marzahn wurden die Wohnungen nicht im traditionellen Sinne Stein auf Stein gebaut, sondern aus vorgefertigten Teilen montiert. Dieses Foto zeigt die Montage einer Wohnung in der Adolf-Hennecke-Straße, 1983.

Bereits 1979 zeigte sich Marzahn bei Nacht als beeindruckendes Lichtermeer. Doch inmitten der bewohnten Häuser wurden weitere Gleitkerne in die Höhe gezogen, denn der neue Stadtbezirk war noch lange nicht fertig.

4

Die Erbauer

Ein riesiges Aufgebot an Bauarbeitern, Planern und Architekten war nötig, um innerhalb von nicht mal 15 Jahren den neuen Stadtbezirk aus dem Boden zu stampfen. Dafür reichten die Belegschaften Berliner Baubetriebe nicht annähernd. Aus der ganzen DDR kamen sie, um in Marzahn mitzubauen. Besonderen Ruhm ernteten dabei die Jugendbrigaden, die auf Initiative der FDJ Marzahn zu ihrer ganz besonderen Aufgabe erklärt hatten. Aber nicht nur Bauschaffende, auch Studenten nutzten die Ferien, um beim Bau dabei zu sein.

Nicht ungefährlich war die Montage der industriell vorgefertigten Bauteile. Trittsicherheit und Schwindelfreiheit gehörten zu den unbedingten Voraussetzungen für jene, die in luftiger Höhe mitbauen wollten, wie dieses Bild aus der Karl-Maron-Straße zeigt.

Nicht nur Männer waren auf der Großbaustelle beschäftigt ...

Dieses Kühl-Foto vom Mai 1978 zeigt Gerd Obersteiner (Mitte) am Bauwerk Sammelkanal Elisabethstraße im Wohngebiet 1.

Füllboden ist eingetroffen – Gunnar Schrantz dirigiert den Kipper an die richtige Stelle in der Baugrube.

Burghard Lange aus der Jugendbrigade Kiefert.

Peter Korgitta, Leiter einer Tiefbaubrigade.

Der Jugendbrigadier Peter Zeise in seinem Büro.

Auch Studenten nutzten die Sommerferien, um sich am Bau der Großsiedlung Marzahn tatkräftig zu beteiligen.

Studentensommer 1977: verdiente Pause nach ungewohnt schwerer Arbeit.

Was will Peter Kaiser von der Jugendbrigade Kiefert mit dieser Geste sagen? Ist die Arbeit fertig oder verlangt er neues Material?

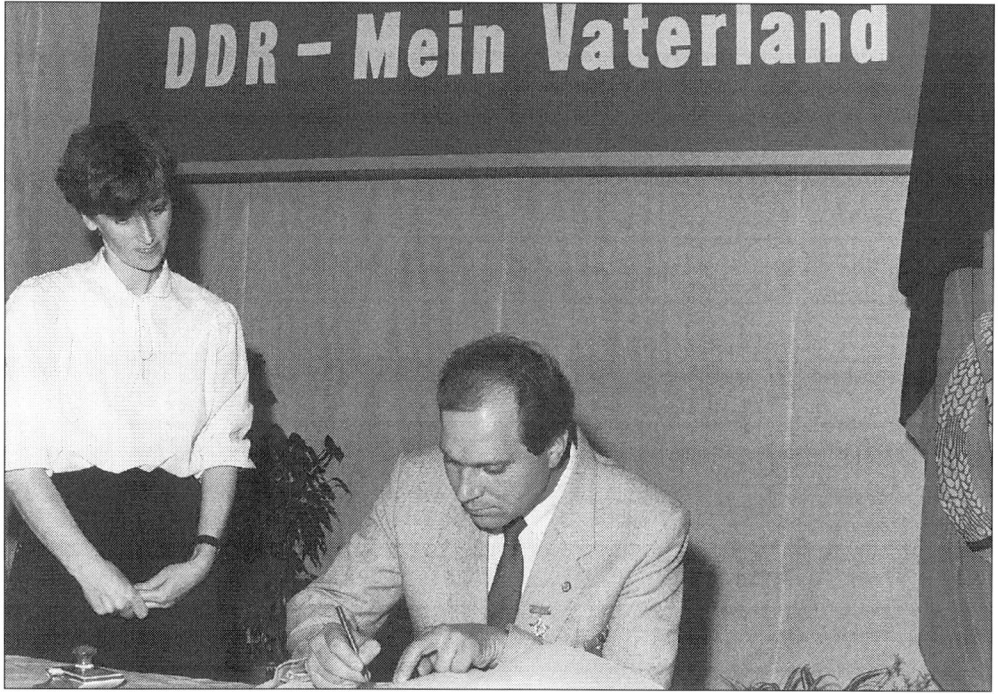

Der durch die Beteiligung am Bau Marzahns berühmt gewordene „Tiefbau-Kaiser" trägt sich am 6. Oktober 1986 ins Goldene Buch des neuen Stadtbezirks ein.

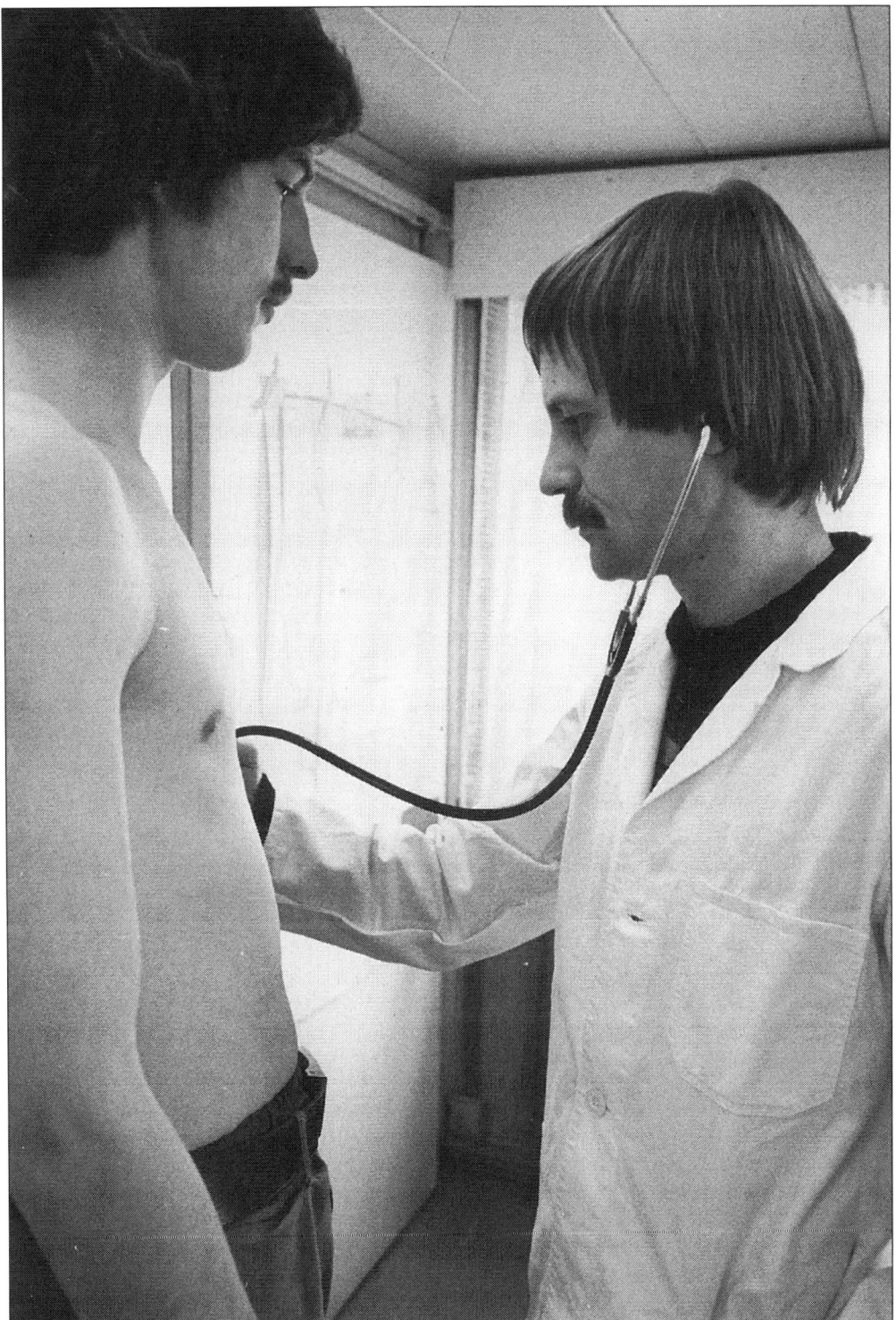

Dr. Klinche untersuchte in der Arztstation der Großbaustelle die Bauarbeiter und spielte nebenbei Posaune in Papa Binnes Jazzband.

Renate Strandt war eine der maßgeblichen Architektinnen der Großsiedlung Marzahn.

Adolf Kretschmer war als Koordinierungs-Ingenieur für das harmonische Zusammenspiel aller am Bau Marzahns beteiligter Kräfte zuständig.

Die Bauarbeiter des neuen Stadtbezirks beim Meeting aus Anlass des 30. Jahrestages der DDR.

Kaufhallen gehörten mit zu den ersten Objekten im Neubaugebiet, die fertig gestellt wurden. Sie dienten zunächst zur Versorgung der Bauarbeiter oder auch als Versammlungslokal. Dieses Kühl-Foto zeigt die Versammlung einer Jugendbrigade aus Stralsund.

Der Brigadier Kurt Ritter (links) im Gespräch mit dem sowjetischen Brigadier Slobin, der eine neue Methode des Bauens entwickelt hatte und im Februar 1978 in Marzahn weilte.

Der leitende Bauingenieur Horst Riedl (rechts mit Helm) führt eine Gruppe sowjetischer Komsomolzen über die Großbaustelle.

Auch Künstler und Schriftsteller interessierten sich für die Großbaustelle Marzahn. So besuchte im Mai 1977 der sowjetische Autor Konstantin Simonow (links) die Bauarbeiter. Auf diesem Bild wird er von Horst Riedl begrüßt.

Konstantin Simonow im Gespräch mit dem Brigadier Plöthner.

Otto Reißig (unten links) beim Verlegen von Heizleitungen.

54

5

Mittendrin – das alte Dorf

*Obwohl ein großer neuer Stadtbezirk mit hohen Häusern gebaut wurde, riss man das alte mär-
kische Dorf Marzahn nicht ab. Manche Häuser wurden renoviert andere rekonstruiert. So blieb
inmitten der teilweise futuristischen Großsiedlung ein Stück märkische Vergangenheit nicht nur
museal, sondern als von Menschen bewohnte, lebendige Gemeinde erhalten.*

Umgeben von modernen Wohnblöcken: die Häuser von Alt-Marzahn.

Dieses Bild aus Alt-Marzahn könnte fast aus längst vergangenen Zeiten stammen, wenn im Hintergrund nicht ein moderner Wohnblock stünde.

Materialnachschub für die Rekonstruktion des alten Dorfkruges im November 1986.

Tiefbauarbeiten zur Rekonstruktion der Dorfanlage.

Zimmerleute vom Ingenieurhochbau Berlin bei Rekonstruktionsarbeiten in einem alten Dorf-
haus.

Auch die Straßen in Alt-Marzahn wurden unter Verwendung alter Pflastersteine rekonstruiert.

Wackerarbeiten bei der Straßenpflasterung in Alt-Marzahn.

Die Post auf dem Dorfanger von Alt-Marzahn.

Alt-Marzahn mit Blick zu den Häusern in der Allee der Kosmonauten im Jahre 1987.

Alte Schmiede auf dem Marzahner Dorfanger im Jahr 1977. Während im weiten Umkreis bereits die Arbeiten für die Großsiedlung in vollem Gange sind, scheint hier die Zeit stillzustehen.

Diese eindeutigen Warnungen waren 1978 auf dem Bretterzaun der Kohlenhandlung Haase zu lesen.

6

Leben und Arbeiten in der Großsiedlung Marzahn

Obwohl in Marzahn die Bautätigkeit fast bis in die Wendezeit weiterging, wurden Leben und Arbeit im neuen Stadtbezirk schon bald zum Alltag. Dieser war allerdings nicht unbedingt vergleichbar mit dem Alltag in alten, über Jahrhunderte gewachsenen Stadtquartieren. So gehört zum Alltagsleben in einem neuen Stadtteil, an dem noch weitergebaut wird, der ständige Einzug neuer Mieter und die Eröffnung neuer Betriebe.

Auch ruhige und beschauliche Plätze gab es in der moderne Großsiedlung.

Endlich in der neuen Wohnung.

Erster Blick über das nächtliche Häusermeer.

Marzahn als Thema für den sechsteiligen Fernsehfilm „Einzug ins Paradies" nach dem gleichnamigen Roman von Hans Weber. Die Dreharbeiten begannen am 25. April 1983.

Unter der Regie von Achim und Wolfgang Hübner entstand ein Film über die ersten Tage von fünf Familien im neuen Stadtbezirk. Zu den Schauspielern des Films gehörte auch Jutta Wachowiak (rechts).

Familie Jütte in ihrem Wohnzimmer: Sie gehörte zu den ersten Neumarzahnern.

Heiß begehrt waren besonders jene Wohnungen, die eine Küche mit Fenster hatten. Die Jüttes zählten zu den glücklichen Mietern einer solchen.

Kein Fassadenkletterer, sondern ein Feuerwehrmann, der unter Marzahner Bedingungen für den Ernstfall übt.

Anlegen von Hausvorgärten in Eigeninitiative der Mieter.

Auch Soldaten der Sowjetarmee halfen bei der Gestaltung des Wohnumfeldes im neuem Stadtbezirk.

An heißen Sommertagen fand der Subbotnik im Bikini statt.

Picknickpause während eines Subbotniks zur Gestaltung der Mietervorgärten.

Verleihung der Goldenen Hausnummer für vorbildliche Umfeldgestaltung.

Gespräch zwischen Bürgermeister Cyske und Mietern in einem Marzahner Hausclub.

Wandzeitungen dienten sowohl der Information über Hausangelegenheiten als auch der Berichterstattung über wichtige politische Ereignisse.

Eröffnung des Elektroanlagenbau (EAB) in Marzahn am 24. September 1979.

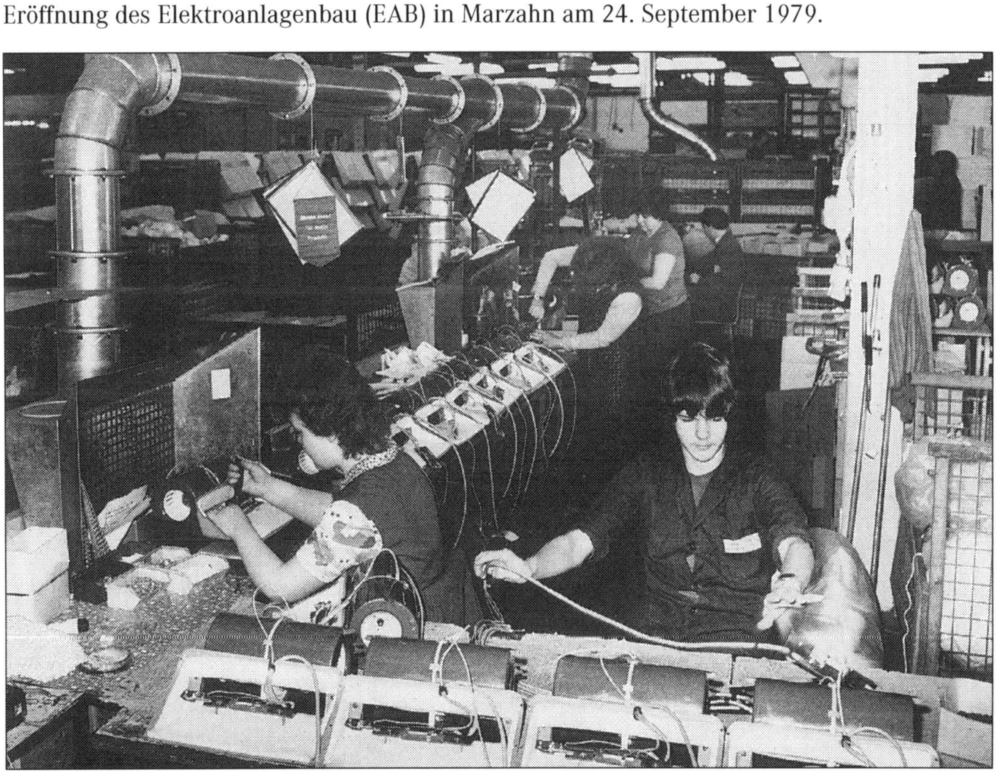

Montage von Lüfterbausteinen im EAB.

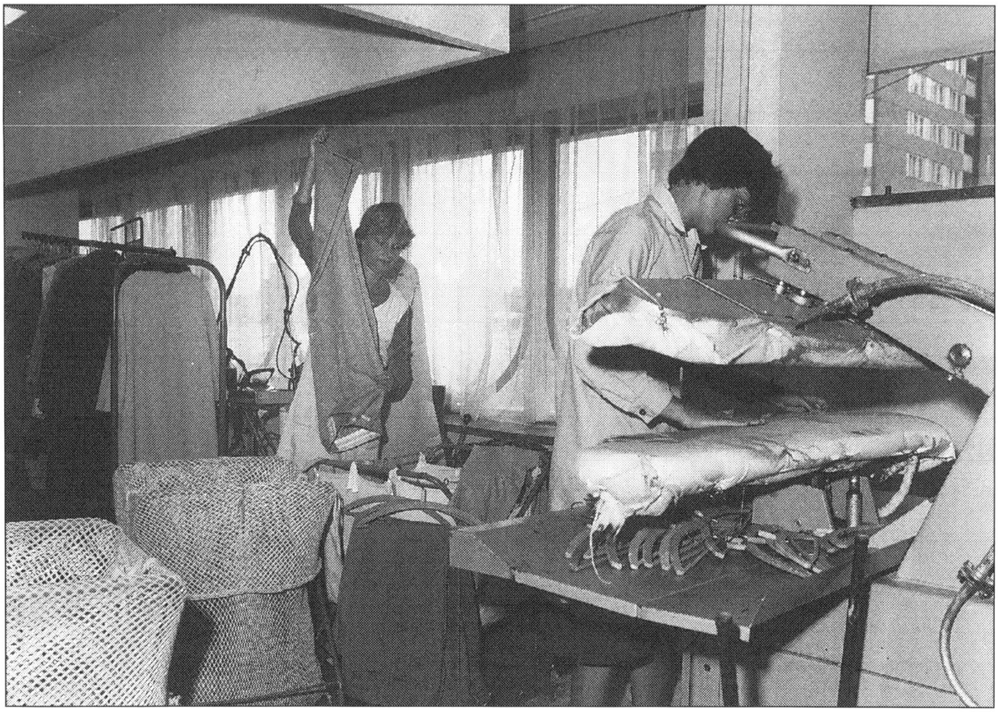

Das schnelle Säubern von Kleidung aller Art war die Aufgabe der Beschäftigten in der Rewa-tex-Sofortreinigung.

Die seit den Fünfzigerjahren bestehende LPG „Edwin Hoernle" verlagerte mit dem Bau der Großsiedlung ihr Betätigungsfeld von der Tier- zur Pflanzenproduktion. Hier wird gerade Suppengrün gebündelt.

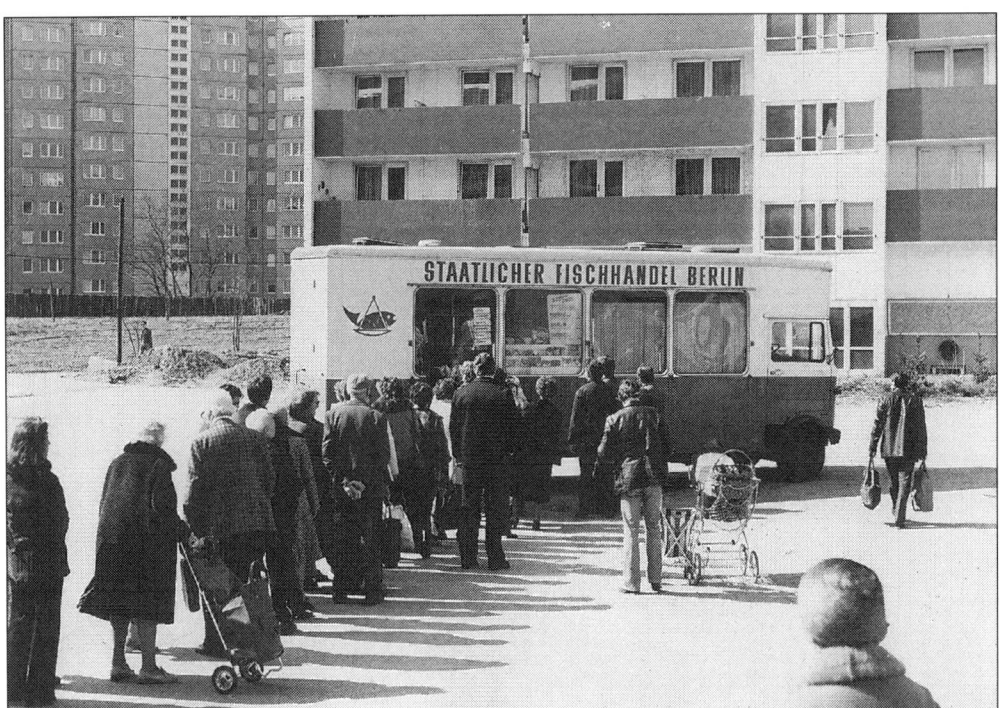

Fischtag in Marzahn – viele Leute sind zum Standort des Verkaufswagens gekommen, um Hering, Hecht und Kabeljau zu kaufen.

Kaufhallen wurden in Marzahn zugleich mit den Wohngebieten errichtet. Sie waren nicht nur Versorgungseinrichtungen, sondern auch Treffpunkte für die rasant wachsende Bevölkerung.

Ausgabe des Mittagessens im Feierabendheim „Fritz Bischof".

Freundlich gedeckter Mittagstisch im Feierabendheim „Fritz Bischof".

Da der Mensch nicht vom Brot allein leben kann, wurde auch geistige Nahrung angeboten.

Ein Blumenstrauß vom HGL-Vorsitzenden Stefan Riedel für die Erstwählerin Kerstin Tendel.

Kerstin Tendel zum ersten Mal an der Wahlurne.

Industrielle Erprobung der Futterteildrehmaschine DF2NC in einem Marzahner Betrieb der Berliner Werkzeugmaschinenfabrik.

Ab Klasse 7 gehörte die Arbeit in einem Betrieb als Unterrichtsfach zum normalen DDR-Schulalltag. Dieses Bild zeigt Polytechnischen Unterricht in der BWF Marzahn.

Anlässlich des 40. Jahrestages der Befreiung vom Faschismus wird das Gebäude Leninallee 563, das 1945 als eines der ersten in Marzahn von den Sowjettruppen erreicht wurde, als Gedenkstätte eingeweiht.

Ein Ständchen unter dem Richtkronendenkmal, das zur Erinnerung an das erste Richtfest im neuen Stadtbezirk aufgestellt wurde.

Vorbereitung für den Drachenflug am Springpfuhl im Jahre 1978. Im Hintergrund Gleitkerne für Hochhäuser mit 22 und 24 Etagen.

Moderne Plastiken in selbst gestalteten Grünanlagen sollten das Wohnumfeld verschönern.

Im Marzahner Kino „Sojus" wurden nicht nur Filme gezeigt, sondern es gab auch Ausstellungen. Diese Fotoausstellung fand im Jahre 1982 statt.

Familie Gräber auf dem Balkon ihrer Wohnung in der Marchwitzastrasse 48.

Mit dem rasanten Wachsen der Großsiedlung wuchs auch der Bedarf an Parkplätzen.

Köchinnen und Köche aus Marzahn. Sie kochten nicht nur für die neuen Bürger der Großsiedlung, sondern auch für das Heer der Bauarbeiter.

Wer die Wahl hat, hat die Qual – auch beim Essen. Da waren die Empfehlungen dieser netten
Damen immer eine große Hilfe.

Besucher der Gartenschau 1987 begutachten die
ausgestellten Pflanzen.

Nicht nur Pflanzen, auch Holzskulpturen gehörten zur Gartenschau.

Am 8. Mai 1988 wurde im Hain der Freundschaft eine Ehrentafel eingeweiht.

VERBÜNDETE
KAMPFGEFÄHRTEN
FREUNDE

3. Kreisdelegiertenkonferenz der DSF.

7

Stadtbezirk der Kinder

Zahllose junge Paare waren nach Marzahn gezogen, und so gab es in der neuen Großsiedlung sehr viele Kinder. Diese standen nicht nur im Mittelpunkt ihrer Familien, sondern spielten auch prägende Rollen bei Veranstaltungen und Festen. Erinnert sei an den berühmten „Marzahner Frühling", zu dem als wichtiger Bestandteil ein „Umzug der Zwillinge" gehörte, an dem sich übrigens auch Drillinge mit ihren Eltern beteiligten. Weil der Nachwuchs in Marzahn einen so bedeutenden Platz einnahm, wurde die Großsiedlung schon bald „Stadtbezirk der Kinder" genannt.

Im 9. Stadtbezirk schienen Kinder das Gros der Bevölkerung auszumachen.

Neues Spielzeug wird einem ersten Test unterzogen.

Buddeln im Sand gehörte auch im Jahre 1979 zu den beliebtesten Beschäftigungen der ganz Kleinen, wie dieses Breitenborn-Foto vom Spielplatz Marchwitzastraße zeigt.

Der Freiluftspielplatz des Kindergartens an der Marchwitzastraße bot den Kleinen auch dieses dekorative Spielgerät aus naturbelassenem Holz.

Tanz um den steinernen Büffel im 1. Kindergarten in der Marchwitzastraße.

Die Kinder haben die neue Brunnenanlage in Beschlag genommen.

Das Ballspielen und Rollerfahren im Kindergarten Marchwitzastraße machte den Kleinen sichtlich Spaß.

Marzahner Kinder grüßen die Erbauer des neuen Stadtbezirks.

Winterliche Luftballonparade.

Tanz- und Bewegungsspiele gehörten auch in den Marzahner Kindergärten zum täglichen Programm.

Diese Kleinen versuchen sich im Mischka-Tanz.

Viel Spaß bereitet den Kleinen offenbar auch das winterliche Turnen am Reck.

Welche Gruppe kann den Ball am schnellsten weiterreichen?

Eine erfrischende Dusche an einem heißen Sommertag scheint auch den Marzahner Kindern willkommen zu sein.

Winterlicher Rundgang der Kleinen aus einem Marzahner Kindergarten. Sie wachsen mit den Häusern.

Winterfreuden in der Großsiedlung. Auch der kürzeste Hang wird zum Schlittenfahren genutzt.

Aufnahme in die Pionierorganisation „Ernst Thälmann". Dem Aufruf „Seid bereit!" folgte die Antwort „Immer bereit!".

Anstelle eines Glases erheben die „Neuen" ein Stück Kuchen.

Im kinderreichen Marzahn waren auch Zwillinge keine Seltenheit.

Sogar dreifaches Elternglück gehörte hier zum Alltag.

Umzug der Zwillinge während des Marzahner Frülings im Jahre 1982.

Nach dem Umzug kam der Tanz der Zwillinge.

Zwillinge beim Pflanzen von Bäumen während des 1984er Marzahner Frühlings.

Junge Pioniere grüßen die Jugendweihlinge.

Marzahner Kinder auf dem Holzspielplatz des Leipziger Bildhauers Schuhmann in der Heinrich-Rau-Straße.

Krippenkinder wurden drei Mal am Tag an die frische Luft gebracht.

Kinder während eines sommerlichen Spaziergangs durch die Ludwig-Renn-Straße.

Wie wär's mit einem Ausritt auf dem Shetland-Pony?

Oder lieber ein Besuch in der Lüdecke-Bibliothek in Alt-Marzahn?

Indianerspiele zwischen den modernen Häusern der Großsiedlung. Solche Anlagen wurden mit viel Fantasie und Liebe von Künstlern, Bauarbeitern und Grünanlagenbauern für die Kinder errichtet.

Abenteuerliche Floßfahrt in den Gewässern der Großsiedlung.

8

Sport

Sport gehörte auch in Marzahn zu den beliebtesten Freizeitbeschäftigungen. Die sportliche Tradition ist aber älter als der neue Stadtbezirk. Menschen wie Gerhard Kolberg und Fred Platzbecker befassten sich schon in den Fünfziger- und Sechzigerjahren mit diversen Sportarten wie Feder- und Fußball. Übrigens spielte Fred Platzbecker dabei eine besondere Rolle. Ursprünglich war er Fußballtrainer gewesen. Da der Verein, der zunächst Traktor, dann Motor Marzahn und schließlich BSG BFW hieß, eine Handballsparte eröffnen wollte, bekam Platzbecker auch hier den Trainerjob. Nicht ganz zu Unrecht, denn er führte die Handballerinnen sogar zur Berliner Meisterschaft.

Auch diese Damen waren beim 1. Marzahner Sportfest auf dem Sportplatz am Rosenhag mit dabei.

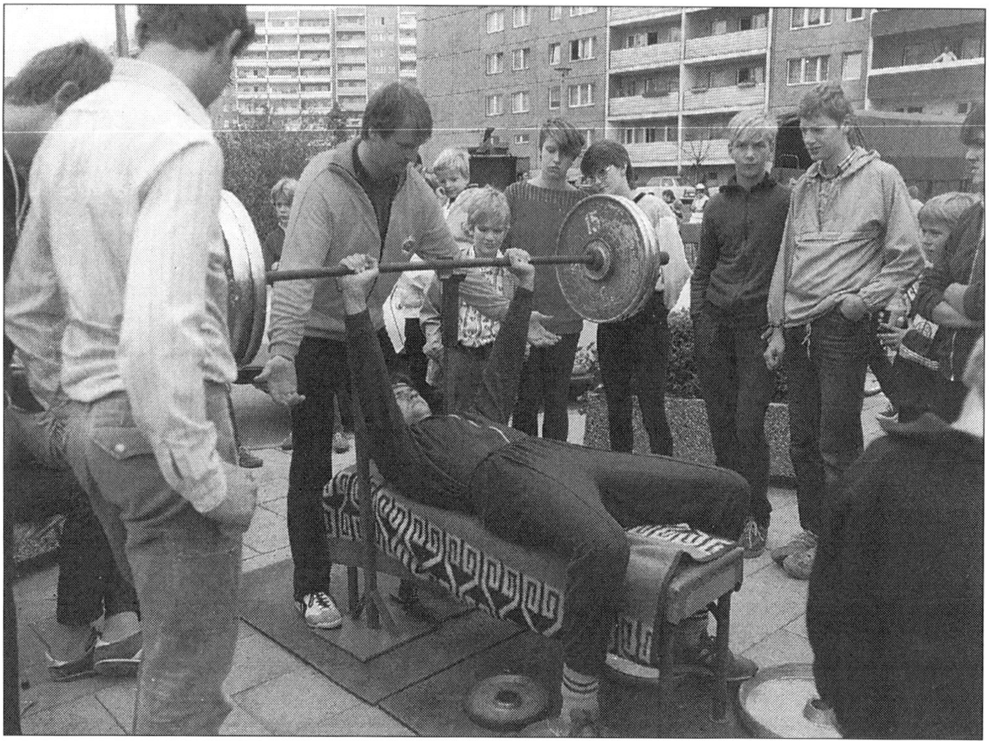

Die ganz besonders starken Jungs hatten in Marzahn einiges zu stemmen.

Doch nicht nur Muskelsport, auch Sport für den Geist wurde angeboten. Dieses Mietschke-Foto zeigt eine Partie Simultanschach während des Marzahner Frühlings.

Unerschrockene Faustkämpfer traten ebenso gegeneinander an ...

... wie die Freunde der „flotten" Klinge.

Wer wollte, konnte mit aller Kraft den Ball übers Netz schmettern ...

... oder auf einem rassigem Pferd Hindernisse überwinden.

Auf dem Standrad zur Höchstgeschwindigkeit.

Bewegung für alle während des 1. Sportfestes auf dem Sportplatz am Rosenhag.

Bodenturnen während des 4. Marzahner Frühling.

Eine Fußball-Jugendmannschaft von Motor Marzahn am Ende der 1960er-Jahre. Rechts unten sieht man Burghard Ewald, der Dritte von rechts in der oberen Reihe ist Jens Werner.

Eine weitere Jugend-Fußballmannschaft von Motor Marzahn, Ende der 1960er-Jahre. In der hinteren Reihe links steht Michael Laufer, der heute Platzmeister auf dem Sportplatz Walter-Felsenstein-Straße ist.

Wer Preise gewinnen will, muss gut trainieren und spielen.

Sieg beim ersten Marzahner Bummi-Handballturnier. Der Teddy war die Siegertrophäe.

Die Mädchen des Berliner Handballmeisters BSG BWF Marzahn, 1989.

Der Fußball- und Handballtrainer Fred Platzbäcker mit seiner erfolgreichen Mädchen-Crew im Swimmingpool.

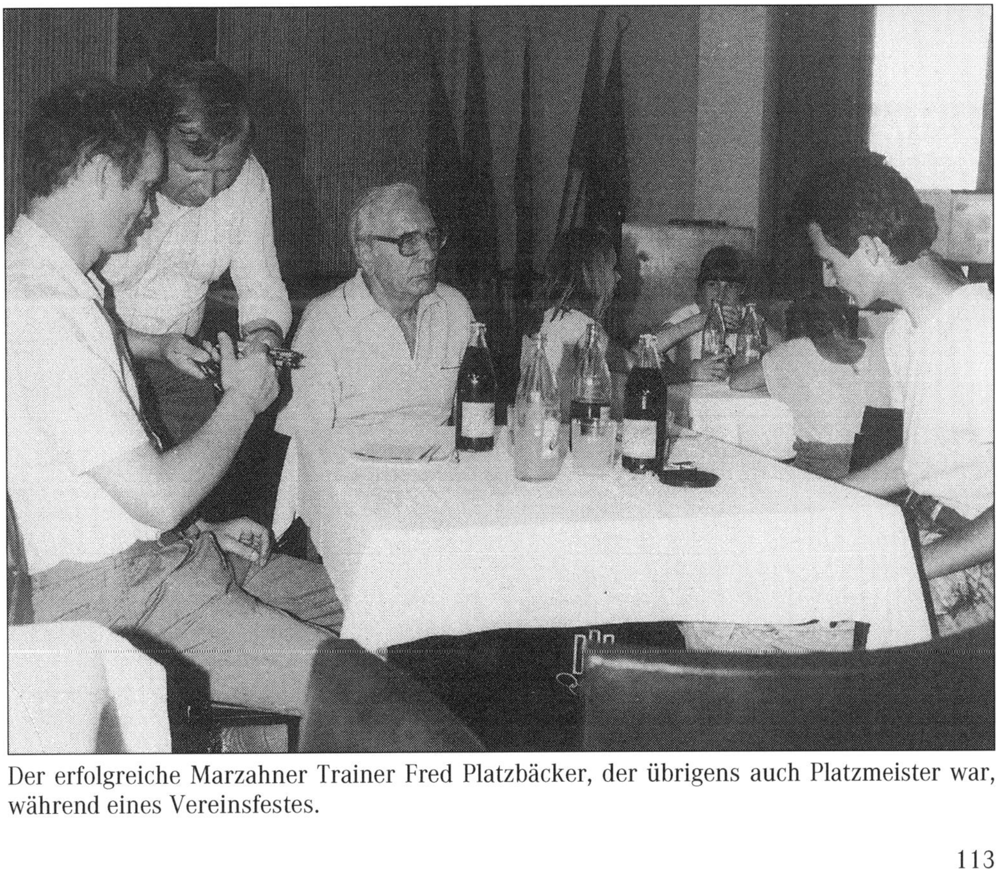

Der erfolgreiche Marzahner Trainer Fred Platzbäcker, der übrigens auch Platzmeister war, während eines Vereinsfestes.

9

Zu guter Letzt: Ein Fest

Der Marzahner Frühling war nicht nur eine schöne Jahreszeit, sondern vor allem ein Fest – und was für eins. Vom Säugling bis zum Greis schienen fast alle Einwohner des neuen Stadtbezirks unterwegs zu sein. Auch aus anderen Stadtteilen, ja sogar aus den entferntesten Ecken der Republik kamen immer wieder zahllose Besucher, um in Marzahn den Frühling zu feiern. Sogar die politische Prominenz ließ sich blicken. In Marzahn gab es außerdem noch ein paar kleinere Feste im Zusammenhang mit Vereinen und Organisationen oder im Kreis der Hausgemeinschaft.

Mit Kind und Kegel waren die Einwohner des neuen Stadtbezirks und ihre Besucher unterwegs, um den Marzahner Frühling zu genießen.

Nicht nur Essen und Trinken, sondern auch Blühendes und Stacheliges wurde den Festbesuchern angeboten.

Schulmädchen treffen sowjetische Soldaten auf dem Marzahner Frühling.

Auch Straßentheatergruppen zogen die Besucher des Marzahner Frühlings in ihren Bann.

Studenten verkaufen selbst gebackene Brezeln.

Politische Prominenz war auch dabei. Auf diesem Kühl-Foto unterhält sich Konrad Naumann mit Marzahner Hausbewohnern.

Bildermaler auf dem Marzahner Frühling unter den kritischen Blicken von Konrad Naumann und Peter Faltin.

Öffentliche Vereidigungen wie auf diesem Kühl-Foto von 1982 gehörten auch zu den Ritualen des Marzahner Frühlings.

Auch mit Pferd und Wagen wurde zum Fest gefahren.

Nicht nur als Besucher, sondern auch als Mitgestalter waren die Kinder ein wesentlicher Bestandteil des Marzahner Frühlings.

Auch die Finanzsachbearbeiterin Frau Esbach und Herr Direktor Bauermeister, beide von der Stadtbezirksbibliothek, waren gern gesehen auf dem großen Fest.

Neben dem großen Marzahner Frühling besuchten die Einwohner der Großsiedlung sehr gern auch andere Feiern, wie z.B. den Ball der Freundschaft.

Das Überreichen von Geschenken gehörte zu den üblichen Gepflogenheiten auf dem Ball der Freundschaft.

Beliebt bei Jung und Alt war auch das Jolkafest.

Fröhlicher Umtrunk am Tag der DSF im Jahre 1980.

Geselliges Feiern im Kreis der Hausgemeinschaft.

Auftritt des Jürgen-Erbe-Chors in der Sendung „7-10".

Zu den besonders beliebten Ereignissen gehörten auch die Hausfeste. Ein solches zeigt dieses Pohl-Foto vom 6. September 1986. Bewohner der Häuser Gravensteiner Weg 25, 27, 29 warten auf die Wurst vom Grill.

Auch köstliches Nass aus Flasche und Fass durfte dabei nicht fehlen.

Auf geht's zum Marzahner Weihnachtsmarkt.

Auch auf dem Weihnachtsmarkt 1987 waren die Karussells ein besonderer Anziehungspunkt.

Marzahner Jahreswechsel 1984/85.

Berlin-Charlottenburg
Christian Hopfe
ISBN 3-89702-442-X / 17,90 €

Berlin-Friedrichshagen
Petra Geike
ISBN 3-89702-595-7 / 17,90 €

Berlin-Pankow
Ruthild Deus und Ralf Schmiedecke
ISBN 3-89702-481-0 / 17,90 €

Sutton Verlag

BÜCHER ÜBER BERLIN

Spandau bei Berlin
Ralf Schmiedecke
ISBN 3-89702-463-2 / 17,90 €

Wedding. Mitten in Berlin
Ralf Schmiedecke
ISBN 3-89702-366-0 / 17,90 €

Berlin-Wilmersdorf in alten Bildern
Udo Christoffel
ISBN 3-89702-610-4 / 17,90 €

Was war los in Ost-Berlin 1950-2000
Jens Kegel und Ingo Zeißig
ISBN 3-89702-365-2 / 9,90 €

Was war los in West-Berlin 1950-2000
Jürgen Scheunemann und Gabriela Seidel
ISBN 3-89702-321-0 / 9,90 €

Die Heimat entdecken!

Von Kiel bis Wien,
von Aachen bis Görlitz:
Entdecken Sie Alltagsgeschichten
aus Ihrer Heimatstadt!

Leben in der Großstadt …

Tauchen Sie ein in das quirlige Großstadtleben vergangener Tage. Spazieren Sie über breite Boulevards und stürzen Sie sich ins Nachtleben. Erkunden Sie ihre Stadt durch die Fensterscheiben einer Straßenbahn oder des ersten Käfers und bewundern Sie prächtig geschmückte Schaufenster.

... und ländliche Idylle

Wie sah das Leben in Ihrer Heimat aus, als die Bauern noch mit Pferden pflügten und jedes Dorf seinen eigenen Schmied hatte, jeder noch jeden kannte und das Leben sich zwischen Kirche, Wirtshaus und Wohnküche abspielte?

Erinnerungen an die Schulzeit …

Erinnern Sie sich noch an die Zeiten von Abakus und Schiefertafel, an Klassenausflüge oder den ersten Taschenrechner? Blicken Sie zurück auf große Klassen und gestrenge Schulmeister, entdecken Sie auf Klassenfotos Freunde und Bekannte von früher!

... und das Arbeitsleben

Entdecken Sie, wie sich das Arbeitsleben in den letzten hundert Jahren verändert hat. Werfen Sie einen Blick in Fabrikhallen, blicken Sie Handwerksmeistern bei ihrer Arbeit über die Schulter und erinnern Sie sich an den Einkauf im Tante-Emma-Laden.

Gesellige Stunden im Verein …

Fußballclub und Schützenverein, Musikkapelle und Gesellenverein: Schauen Sie zurück auf Volksfeste und Turniere, Chorproben oder Prunksitzungen. Erinnern Sie sich an schöne Stunden und das gesellschaftliche Leben in Ihrer Heimat.

... und im Familienkreis

Werfen Sie einen Blick in die Wohnzimmer vergangener Tage und entdecken Sie, wie sich zwischen schweren Eichenmöbeln, Nierentischen und Ikea-Regalen der Alltag verändert hat. Erleben Sie Familienfeiern und Weihnachtsfeste im Wandel der Jahrzehnte mit.

www.suttonverlag.de

FSC
www.fsc.org
MIX
Papier | Fördert
gute Waldnutzung
FSC® C083411

Zeitfracht Medien GmbH
Ferdinand-Jühlke-Straße 7
99095 Erfurt, Deutschland
produktsicherheit@kolibri360.de

Druck:
CPI Druckdienstleistungen GmbH
im Auftrag der
Zeitfracht Medien GmbH
Ein Unternehmen der Zeitfracht - Gruppe
Ferdinand-Jühlke-Str. 7
99095 Erfurt